AF316177

APERÇUS GÉNÉRAUX

SUR

LA PEINTURE

PAR

A. COUTEAUX.

❖

**Les Autorités. — Les Maîtres. — Généralités.
Le Dessin & la Couleur. — Le Fini & le Rendu. — Les Noms.
La Mode. — L'Industrie.**

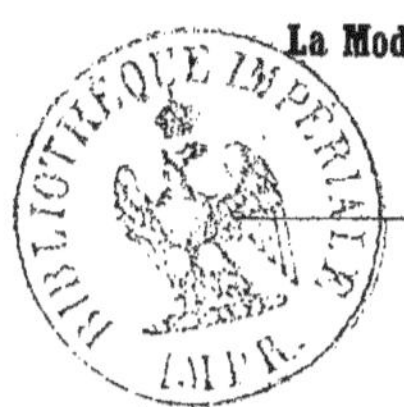

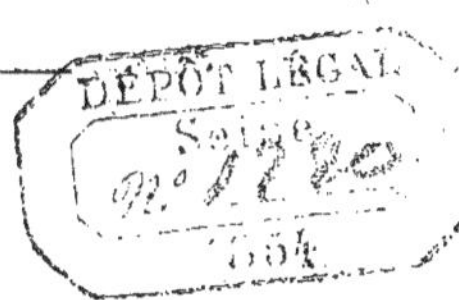

A PARIS

CHEZ L'AUTEUR, PASSAGE DES PANORAMAS,
GALERIE MONTMARTRE, 27.

—

1854

I.

Les Autorités.

Notre siècle a déjà trop usé de la parole et de l'écriture, et je ne n'espère mériter quelque indulgence auprès de mes lecteurs, — si j'en ai, — qu'à la condition d'être bref. — Inconvénient grave, — non pour le lecteur, mais pour moi, — parce que l'on pourra me réfuter précisément par les détails et les exceptions qui m'eussent fourni des compléments de preuves.

J'abandonne, du reste, aux loupeurs de ta-

bleaux anciens le privilége de faire autorité,
— *Ils ont lu, posément, la Ballade à la Lune!*

Mais ces disciples de la loupe n'apprécient rien au-delà du *rare*, du *pur* et du *bien conservé*. Leur mission est d'ensevelir l'art dans le linceul des maîtres. Ne leur demandez donc pas une opinion sur un contemporain, car ils sont, à peine, entrés dans le dix-huitième siècle, et attendront, patiemment, l'avis des générations, pour se prononcer *en connaissance de cause*.

La mouche du coche n'est pas morte : elle ne fera jamais autorité.

L'amateur dont le bon goût se manifeste dans la généralité des choses, même étrangères à la peinture, est bien près de faire autorité.

L'amateur à qui cette distinction manque ne fera pas autorité : c'est vite vu : une clef de montre, une breloque, le trahiront.

Les marchands de tableaux feront souvent autorité.

L'intelligence parfaite des maîtres anciens est rigoureusement indispensable pour faire autorité. Les artistes feront autorité sous cette réserve.

II.

Les Maîtres.

On ne peut apprendre à connaître la peinture
que par l'étude des maîtres anciens ; cette in-
troduction à l'intelligence de l'art est rigoureusement indispensable. Ne le fût-elle point que
les maîtres anciens fourniraient encore les modèles les plus irrécusables, les plus splendides
de l'art. Aucune école ne peut être aussi féconde
en grands enseignements ; — une génération,

si forte qu'elle soit, ne saurait amasser les trésors accumulés par les siècles. — Si cet argument ne suffisait pas, il faudrait recourir au plus regrettable : — l'infériorité des modernes, que quelques brillantes exceptions ne rachèteraient pas.

III.

Généralités.

Un beau tableau procèdera toujours d'un homme au-dessus du vulgaire, et se révélera par des mérites d'autant plus grands que son auteur sera plus exceptionnellement doué.

Pour m'arrêter à une seule comparaison, l'art de peindre affectera autant de formes que l'art d'écrire, et la peinture n'intéressera qu'autant qu'elle présentera un caractère original plus tranché, qu'elle accusera mieux son auteur, et le fera pour ainsi dire mieux *vivre* dans son œuvre. En d'autres termes, *le style* est indispensable à une œuvre d'art, autant vaudra l'homme, autant vaudra le style ; ils s'interprèteront l'un par l'autre.

Les rhéteurs ont gâté l'éloquence, et, quand la forme emporte le fond, une œuvre d'art est bien près de devenir mauvaise, si elle ne l'est déjà.

Les enfants dessinent presque d'instinct. Supposez cet instinct favorisé par quelques dispositions à l'adresse manuelle, et vous obtenez le tableau à *niveau d'intelligence* avec la foule, qui a tort d'invoquer si souvent *la vérité de la nature* contre les interprétations de l'art : l'invention qui fixerait dans une glace *l'image* donnée par la nature ne donnerait pas une œuvre d'art, ce serait une chose bête comme un fait.

Le génie du peintre interprète, la nature lui

obéit, ses manifestations ne sont que les mots d'une langue qu'il manie, qu'il soumet, dont il fait jaillir des effets, des contrastes, des beautés inattendues. L'improvisation le secondera souvent; une esquisse fougueuse restera quelquefois supérieure à un tableau *fait*, et fournira la critique la plus évidente du *fini*, quand il ne sera qu'une *manifestation de la patience*, substituée au génie ou seulement à l'esprit.

L'école italienne n'a point produit de peinture *trop patiente*, le génie italien s'y refusait; c'est à cause de cela qu'elle n'a point produit de peinture bête.

L'école flamande, qui possède, dans ses petits maîtres, toute une pléiade de peintres d'une originalité, d'une naïveté, d'une finesse d'observation, *d'un esprit*, qu'on ne saurait assez admirer, devait, fâcheusement, enfanter la peinture bête, après avoir atteint la perfection dans une pratique de plus en plus soumise à la patience.

Cette peinture est représentée par des maîtres restés, hélas! célèbres, et qui ont fait souche. — Par le côté de l'imitation la peinture pouvait-elle d'ailleurs se soustraire aux entreprises des singes, — le théâtre n'en est pas à l'abri. — J'ai pu apprécier combien il suscite de pièces ridicules et absurdes, mais elles offrent au moins cela de bon qu'elles ne voient presque jamais le jour.

Offrez à la foule un corps où se prendre et elle abandonnera l'idée. Cette théorie une fois bien comprise par les faiseurs, devait substituer le spectacle au drame, l'action à la pensée, le comparse au comédien.

La pratique, les procédés, tout ce qui tient au métier, ne mérite que la déférence que l'on doit aux traditions; mais, dans ce domaine, toute invention aura sa valeur comme le néologisme dans le style. — Il suffira qu'il soit heureux, — tout chemin mène à Rome, l'essentiel est de marcher.

Refaire éternellement par la tradition, c'est accomplir la course de l'écureuil dans son tambour. — C'est rester en place.

Si l'art est impérissable comme la nature, c'est à condition de se renouveler comme elle. La décadence de l'art tiendrait surtout à son immobilité. Il ne peut être grand qu'à condition de faire époque, c'est-à-dire qu'il soit d'abord contemporain. (Je n'ose pas dire *réaliste!*) Le plus grand peintre de notre siècle l'aura personnifié dans des conditions d'art dignes de la postérité et de la tradition tout à la fois.

Géricault l'a peut-être essayé. Il l'eût fait sans doute sous l'influence des lois mystérieuses et occultes qui dirigent le génie, s'il avait plus vécu. Ses deux tableaux, — Cuirassier et hussard, — qui sont au Louvre, approchent des conditions que je propose.

La difficulté est si grande, si vaste, qu'il ne faut pas attribuer peut-être à d'autres causes le

seul progrès dont puisse s'enorgueillir la peinture contemporaine. Le paysage a été interprété
de nos jours avec une supériorité digne des
Hobbema et des Ruysdaël, mais neuve, originale,
pittoresque, *contemporaine*, sans préoccupation
paparente du passé. La tradition a servi d'enseignement, non de modèle, je l'établirais par des
exemples irrécusables si je ne m'étais pas inter-
dit de faire intervenir des noms de peintres vi-
vants dans ces feuilles sans lendemain. — Ce
que les paysagistes ont pu faire, les peintres de
figure ne l'ont pas pu avec le même éclat. C'était
encore beaucoup plus difficile.

IV.

Le Dessin et la Couleur.

Les bonnes définitions manquent, la plupart
du temps, aux éléments de conviction qui dé-
terminent le goût du public ; et quand une fois
le goût a fait fausse route, il devient presque impossible de le ramener. Toute une génération s'y
perd.

De bonnes définitions, par exemple, permet-
traient, je crois, d'assigner au dessin et à la
couleur, toujours en antagonisme, la part de

gloire et d'honneur qui leur est due, et leur importance respective dans le domaine de l'art.

Je ne saurais aborder cette question sans faire préalablement justice d'une confusion déplorable : celle du fond et de la forme.

La forme suffit presque toujours au public qui fouille rarement la pensée d'une œuvre, et plus la forme sera banale, plus elle s'abaissera au niveau commun des intelligences, et plus elle obtiendra de popularité et de succès ; *l'interprétation pittoresque* d'un effet, une *valeur de sentiment*, ne toucheront point le public, quand, au contraire, il s'intéressera avec avidité au trompe-l'œil, à la chose qui lui offrira une reproduction fidèle, je veux dire *servile*, de la nature.

On conçoit dès-lors que, dans toute peinture, il faille faire la part de *l'artiste* et du *praticien*, et souhaiter que le premier l'emporte sur le second ; mais les deux seront tellement solidaires qu'il est presque impossible qu'un grand artiste ne devienne point un praticien habile, parce qu'il rencontrera, en quelque sorte d'intuition, les formules, les procédés, le RENDU, qui doivent le mieux faire valoir sa pensée. En d'autres termes, son style se perfectionnera, il saura mieux *dire* et y excellera surtout par *l'originalité et l'imprévu.*

Au contraire, si habile praticien que puisse devenir un artiste médiocre, en dépit de tout sa peinture restera banale, — *il n'aura rien trouvé,* — et le vulgaire pourra seul s'intéresser à la conscience dont son œuvre portera témoignage, mais elle fera toujours l'effet des figures de cire; le souffle de la vie, l'étincelle de l'intelligence, ne les animent point.

D'après ce qui précède, la distinction que je veux établir devient facile, et il se conçoit, dès-lors, que la forme n'est à l'idée que ce qu'est l'accessoire au principal; — qu'un grand artiste

2

puisse, — à la rigueur, — être incorrect, lâché,
même insuffisant dans son style ou dans sa pratique (comme on voudra), et que l'artiste médiocre puisse exceller assez dans la sienne pour
atteindre à des résultats estimables, mais dont il
est facile de s'exagérer le mérite.

Arrêtons-nous aussi pour bien expliquer ce
qu'est *l'interprétation* en peinture.

L'Allemand Denner, en peignant une tête de
vieillard, *copiait* la moindre ride, le moindre accident de la peau, reproduisait la barbe poil à
poil. *Il n'interprétait pas.* Sa peinture, si esti-
mée qu'elle soit par un certain ordre de savants
et d'amateurs, est anti-artistique ; il n'y a pas de
limites à cet art patient, puéril et faux, car le
compte de rides, d'accidents, de poils de barbe
n'y est pas. C'est ce qu'en terme d'atelier on ap-
pelle *chercher la petite bête,* parce qu'il semble
impossible que cette recherche patiente du détail
ne rencontre pas enfin la vermine.

Le musée d'Anvers possède un portrait de femme par Rembrandt. A la distance voulue, l'image est vivante ; la plume de paon qui orne le chapeau est légère et souple, et ses arcs-en-ciel chatoient dans une lumière pleine de magie et de charme où se meuvent des myriades d'atômes. — Je m'attache à dessein à *ce détail*. — Eh bien ! de près, cette plume disparaît comme par magie ; vous ne trouvez à la place qu'un empâtement grossier rempli de crasse. Voilà un modèle d'interprétation ; avec des *valeurs de sentiment* le maître a fait un chef-d'œuvre.

Denner ne vous donne pas votre appoint de poils de barbe, etc. : c'est un voleur à mine honnête.

Rembrandt ne vous donne que *l'aspect* de ce qu'il promet : c'est un magicien qui évoquera toute la création, et rendra tout vraisemblable.

L'art a dû faire d'immenses progrès avant d'obéir à l'interprétation ; dans l'origine, il ne devait s'attaquer qu'au fait, et c'est à mesure que sa sphère s'est élargie, qu'il s'est emparé de toute la création. Si les peintres primitifs n'ont réussi que dans la reproduction du type humain, c'est, je n'en doute point, parce que le génie de l'interprétation n'était pas assez développé encore pour qu'il pût rendre, *avec attrait*, le paysage, par exemple, puis moins que le paysage, une maison, un mur, un balai.

Jusqu'à l'invention de la peinture à l'huile, toutes les plus précieuses ressources de la couleur ont dû rester à peu près inconnues, parce que les procédés jusqu'alors en usage ne permettaient d'atteindre *au ton* que par à peu près. Dans tous les cas, il se conçoit que les ressources de la couleur se soient développées avec le génie de l'interprétation, c'est-à-dire après plusieurs siècles de progrès et de recherches dans l'art du dessin et de la ligne. — L'art, circonscrit dans ces limites, avait enfanté des chefs-d'œuvre, et

les monuments qu'il en a laissés passionneront
à juste titre les intelligences d'élite.

Le dessin — plus rigoureusement la ligne —
a donc dû rester la préoccupation presqu'exclu-
sive des peintres, jusqu'à la révélation de la couleur : je veux dire jusqu'au moment où *les ressources qu'elle apportait au dessin* ont pu être
comprises et employées. Dès lors elle a dû aussi
passionner de belles intelligences et enfanter ses
chefs-d'œuvre.

Le dessin a dû alors se modifier, se prêter aux
exigences de la couleur, s'y soumettre au besoin;
devenir plus familier, plus pittoresque ; se trans-
former en quelque sorte dans des interprétations
nouvelles, et, en perdant de son empire, ac-
quérir de la grâce, de la souplesse et de l'inti-
mité.

L'expérience des siècles a prouvé que, quelque vaste que puisse être le génie d'un homme,
il y a en quelque sorte des facultés qui s'excluent,

et, du moment où l'art a pu disposer de deux puissances, elles ont dû tendre à s'exclure réciproquement. Je suis trop infiniment petit pour tenir la balance entre Raphaël et Rembrandt, mais je crois pouvoir décider que le *progrès* de la couleur étant acquis, et qu'offrant un champ beaucoup plus vaste à l'interprétation que le dessin, il doit le soumettre ; que cette conséquence découle, semble-t-il, fatalement de l'histoire philosophique de la peinture. Les hommes qui, dans ce siècle, ont excellé surtout dans le dessin, ont réussi à être grands, mais ils n'ont pas *ramené* l'art ; ils n'ont fait que le *compromettre* en retardant sa marche. — L'Ecole de l'Empire et de la Restauration est là.

Je n'ignore pas que la jeune Allemagne est fière de ses peintres de fresques, qui ont poussé le dédain de la couleur jusqu'à ne vouloir accepter son concours que de la main de leurs élèves — impertinence sublime ! qui suffirait à leur célébrité. — Sans toucher à leur gloire, qu'il me soit permis de remarquer que leur art est essentiellement rétrospectif, et constitue en quelque sorte un anachronisme solidaire des anachronismes de l'architecture : leur ambition la plus insolite est de prétendre *à la philosophie de l'idée*, c'est-à-dire *au progrès de l'esprit humain*, en *style primitif.* Cette forme, hérissée d'archaïsmes, prête tout au plus au pastiche qui ne peut être qu'un jeu de l'esprit sous peine d'être intolérable. Que, par exemple, l'Ancien ou le Nouveau-Testament soient susceptibles d'interprétations en harmonie avec le génie du siècle, j'en doute d'autant moins que j'en sais des modèles ; mais ils constatent en même temps que les maîtres qui les ont produits ne se sont pas promenés dans les souliers des ancêtres.

C'est beaucoup prouver en faveur de la couleur que constater que nous lui devons une phalange imposante de maîtres dont le génie n'eût jamais été sollicité par la ligne; — qu'elle est le résultat d'un progrès; — une découverte, une conquête, — un fait immense dans l'histoire de l'art, dont il faut tenir compte comme de la découverte de l'Amérique dans l'histoire de l'humanité.

Ce serait du reste à tort que l'on refuserait à beaucoup de coloristes la science du dessin; il serait facile de prouver les *progrès spéciaux* qu'il leur doit; il a gagné en caractère, en naïveté, en esprit, à mesure que le génie de l'interprétation en a plus exigé, mais c'est là un thème que je dois abandonner pour ne pas sortir des limites que je me suis tracées.

Il n'entre point, en effet, dans mon cadre d'écrire un cours de peinture : ce qui me préoccupe, ce n'est point d'insister sur les règles de l'art, d'autant moins que je n'en fais que peu de cas. Je me préoccupe seulement de débarrasser le domaine de la peinture, de l'invasion des idées

fausses ou erronnées à l'aide de définitions gé-
nérales dont les conséquences me semblent rigou-
reuses. Ce que j'ai dit de la couleur ne suffit pas,
et j'en veux essayer une définition *satisfaisante*,
quoique cela soit impossible si *le sentiment* du
lecteur ne me vient pas en aide, l'intelligence
de la couleur étant absolument inaccessible aux
meilleurs esprits quand la nature leur en a re-
fusé *la révélation*.

En peinture, la couleur n'est autre chose
que l'interprétation pittoresque de tous les
phénomènes, de tous ces accidents de la lumière ; *elle est parfaitement praticable par le
noir et le blanc*, ce que prouvent surabondamment
les dessins et les eaux-fortes des maîtres. La
distinction que quelques modernes, ont voulu
établir entre les *harmonistes* et les *coloristes*
est puérile : pis que cela, elle est fausse. Dans
ce système, Rembrandt est *harmoniste*, Paul
Véronèse *coloriste*. Les bons esprits n'admet-

tront pas cette distinction et se borneront à constater que ces deux maîtres ont été impressionnés, sollicités, diversement par les miracles de la lumière, et beaucoup en raison des climats et des mœurs sous lesquels ils ont vécu.

Ce qui distingue l'œuvre des coloristes, c'est le sentiment juste de l'espace ; la *présence* de l'air ambiant, de l'enveloppe de l'air, de *l'impondérable*, rendue sensible par les innombrables modifications que la lumière fait subir aux aspects qu'elle créc. — On conçoit dès-lors que l'artiste particulièrement ému, impressionné par ces aspects, atteigne à une délicatesse, à une finesse de perception inouïes de la valeur des tons, de leurs rapports, des harmonies de leurs contrastes, et notamment de leur intensité ; car le plus grand rôle de la lumière, c'est de créer la couleur : *elles sont tellement solidaires qu'elles ne peuvent exister que simultanément.*

Le véritable coloriste poursuivra *le ton* jus-

qu'aux dernières limites de la lumière; pour lui
la couleur ne perd jamais, ne se confond jamais
dans l'ombre la plus forte; il la verra dans la
nuit.

L'écueil de quelques peintres qui prétendent
justement à la couleur, sera de *faire noir*, en
cherchant l'intensité ou la puissance du ton, ce
qui est presque la même chose : dans ce cas on
pourrait presque dire qu'ils lâchent la proie pour
l'ombre, la lumière pour la couleur, ce qui cho-
quera toujours un œil exercé, car, je le répète,
la couleur ne se justifie que par la lumière.

Le triomphe sera donc de faire *lumineux*, ce
qui est tout différent que faire pâle ou décoloré
pour obtenir *clair*.

Je suis loin d'être satisfait de la définition que
je viens de donner de la couleur; elle peut aider
néanmoins à faire comprendre que quelques fan-
taisistes de la couleur sont plutôt des prestidigi-
tateurs que des magiciens, comme l'ont été les

Rembrandt, les Rubens, les Titien, les Véronèse, etc. Mais c'est déjà être coloriste que pos-
séder un sentiment pittoresque des harmonies
de la couleur, et de savoir s'abstenir des violences de palette par lesquelles quelques exagérés
y prétendent. Pour pouvoir mesurer tout le néant
de leurs prétentions, il suffit de les opposer à un
vrai coloriste : l'harmonie, la solidarité, la sub-
ordination du ton, qui distinguent ce dernier,
éteignent complétement les bariolages des autres.

Je crois inutile d'établir que les jolies couleurs qui émaillent les jolis tableaux de l'École du
joli, sont hors de cause et que je n'ai pas voulu du
tout en parler. La couleur est une reine qui n'a rien
à démêler dans des agencements de tons qui
restent la plupart du temps au-dessous du goût
que les femmes introduisent dans leur toilette :
elles possèdent la science du contraste simultané
des couleurs bien mieux souvent que la plupart
de leurs peintres.

V.

Le Fini et le Rendu.

J'ai pu parler du fini avec quelque irrévérence, mais ce tort n'est qu'apparent, car je n'ai voulu m'attaquer qu'à la patience qui est la vertu des ânes.

Rendre c'est *finir*, mais *finir* n'est pas *rendre*. Voilà un axiôme qui ne doit pas faire équivoque.

Le peintre qui s'attache *au rendu* s'efforce d'exprimer *tout ce qu'il sent*, de trouver *l'accord juste de l'expression et de la pensée.*

Le peintre qui prétend *au fini* s'évertue à re-
produire *tout ce qu'il voit* et pourrait n'arriver
jamais à la fin de sa tâche : il *inventorie*, il ne
pense pas.

Si le peintre qui a fait mon portrait a fini également les breloques de ma montre et mon nez,
il y a tout à parier que mon portrait ne sera pas
ressemblant : mon nez manquera d'affirmation,
d'accent, de caractère; — il sera aussi bête que
mes breloques : il ne sera pas rendu.

Si je rencontre un voleur conduit par deux gendarmes, il y a tout à parier que si je viens à être
confronté avec ces trois individus, je serai sûr
de l'identité du voleur et nullement de celle des
gendarmes, parce que, dans ce tableau vivant, les
traits du voleur auront pris l'affirmation la plus
forte : mais l'uniforme des gendarmes se sera
mieux affirmé que leurs traits et je pourrai jurer
que le voleur était conduit par des gendarmes et
non par des gardes champêtres, etc., etc.

Donc, le peintre n'interprèterait bien ce tableau, qu'en observant ces nuances d'affirmations, et le *rendre* sera plus difficile que de le *finir* en épuisant tous les *éléments matériels* qui y auront concouru.

Si dans une forêt ma vue est frappée par l'aspect colossal d'un tronc séculaire, ce tronc s'affirmera avec une telle puissance que le chaos se fera en quelque sorte à l'entour ; que le terrain même ne s'affirmera plus.

Que si le peintre, après avoir *rendu* sur sa toile cette affirmation puissante avec toutes ses valeurs, ses accidents, etc., arrête sa vue sur les objets placés en deçà, au delà, à droite, à gauche, en haut et en bas, tous viendront s'affirmer avec une valeur presque égale : qu'il s'applique alors à les *finir comme la nature les lui renseigne* et son tronc ne sera plus *rendu*.

Shahabaham seul a pu demander pourquoi, dans un conte, tout ne pouvait pas être également intéressant ; vouloir intéresser à tout dans une peinture, c'est chercher la négation de l'art.

Rendre par une *valeur de sentiment* la vigilance de regard d'un chien de berger aperçu à une grande distance, est plus difficile que finir sa tête par deux grands yeux qui ne pourraient pas être distingués à cette distance. — Les détaillistes les y mettent, j'en suis sûr, je l'ai vu.

Le détail se produit à mesure que l'affirmation se concentre ; il se perd à mesure qu'elle s'élargit; aussi le détail devient-il d'autant plus faux qu'il s'étend à plus d'objets, et il suffit d'y avoir pensé pour apprécier combien il est plus difficile de *rendre* que de *finir* ; de concilier la vérité d fait avec la vérité de l'art : d'observer l'unité.

Quelques affirmations hardies, sommaires, constituent une esquisse, et l'artiste s'y montrera d'autant plus maître qu'il saura plus *rendre* en moins de mots. La sobriété est le signe distinctif du génie : prodiguer les mots, le détail, est le fait des impuissants non des forts.

Je décline hardiment l'autorité des maîtres dans l'art du fini après avoir vainement essayé de trouver plus *complet,* — ce qui, en bonne logique, doit signifier la même chose que plus *fini,* — Gérard Dow que Rembrandt : plus je contemple le dernier plus je découvre de choses *exprimées,* au contraire les points de tapisserie de Gérard Dow m'ont toujours paru absurdes ; je constate de suite qu'il en manque les trois quarts : d'ailleurs, que m'importent-ils ?

L'amateur-artiste ne s'attachera donc jamais *au fini,* qu'on pourrait définir : *L'absorption de la pensée par le fait,* et ne le confondra surtout point avec le *rendu,* qualité qui absorbe toutes les ressources de la pratique dans *le style, interprète de la pensée.*

Il arrive fréquemment que les maîtres changent de manière. On remarquera généralement qu'à mesure qu'ils ont acquis plus de pratique, d'habileté et d'expérience, ils ont, pour ainsi dire, enjambé le détail pour atteindre directement au rendu, néanmoins, dans l'estime des collectionneurs, la *bonne* manière du maître sera celle où, faute d'essor, son génie imitait au lieu de créer et n'atteignait au rendu que par toutes les circonlocutions du détail. — Le génie est comme l'aigle, plus il s'élève, plus il s'isole.

Mais les collectionneurs ont raison de considérer comme indignes des maîtres les enfants caducs d'une vieillesse trop prolongée ou les travaux hâtifs et indigestes arrachés à leurs pinceaux par la vogue ou la misère.

Les contemporains qui prétendent d'emblée aux interprétations magistrales me paraissent ne pouvoir que très difficilement réussir ; — qui peut le plus peut le moins est un axiôme qui ne peut pas se retourner.

VI.

Les Noms.

Chacun a pu constater combien le prestige des noms est grand et combien il prédispose à l'admiration quand même. Il y a, dans cela, moins de faiblesse qu'on ne pense, et j'aime mieux l'attribuer à un sentiment instinctif d'équité ou de déférence en faveur d'illustrations consacrées qu'à une défaillance du jugement : mais, dans quelques occasions, il peut être instructif d'étudier,

dans leurs effets, certaines effervescences de l'o-
pinion qui portent tout à coup aux nues, — je
dirai pour le besoin de la cause, — *un nom quelconque*. Une sorte de pudeur m'a toujours retenu
de profiter dans ma pratique de ces engouements
effrénés, toutes les fois, — et le cas s'est présenté
souvent, — qu'ils se sont produits dans des
conditions anormales : par fausse honte peut-
être, j'ai pu exceptionnellement persister dans
une erreur, car il me semblait humiliant d'avoir
manqué de tact et d'initiative jusqu'à ne devoir
qu'à un accident étranger à l'art, la révélation
de la taille d'un grand homme. Dans ces voies,
il faudrait toujours pouvoir s'arrêter à temps et
éviter les écarts de la passion avec autant de pru-
dence que les erreurs de la mode.

Si le choix des amateurs était *toujours* déter-
miné par le mérite de l'œuvre, il est évident
que, quelque arbitraire que soit la valeur vénale
d'un tableau, les sommes qu'ils dépensent se ré-

partiraient plus équitablement, et, ce qui importe davantage, plus utilement dans l'intérêt de l'art. J'espère ne pas cesser d'être humble en me supposant assez de connaissance et de pratique pour pouvoir déterminer la valeur artistique relative de deux tableaux de peintres différents. Eh bien! il m'arrive de donner la préférence à celui qui a coûté trois cents francs sur celui qui en a coûté trois mille. C'est pourquoi j'ai toujours regretté que l'initiative des amateurs ne fût pas plus spontanée, plus hardie : il pourrait y avoir, en somme, une plus grande satisfaction d'amour-propre à attendre d'une collection d'initiative que d'une collection classique, et surtout plus d'amusement et de profit.

Ce serait même, je le crois en toute sincérité, le plus sûr moyen de former des collections hors ligne, car c'est pendant la période de lutte, dans l'effort suprême que fournit l'artiste pour triompher de l'indifférence de l'opinion, qu'il produit le plus communément ses chefs-d'œuvre.

Combien n'ai-je pas connu de peintres qui ont converti leur palette en planche à assignats, dès que les commandes ont afflué dans leur atelier !

J'oserai risquer un argument paradoxal à l'appui de l'opinion que je viens d'émettre tout à l'heure : la plupart des artistes dépensent d'autant plus vite leur originalité, leur imprévu, qu'ils les prodiguent davantage ; ces sources ne se renouvellent pas, et quand elles sont taries, *la rangaine* prend la place de l'inspiration, de la voix intérieure.

Si les dix meilleurs juges en peinture, assemblés en jury, avaient à désigner les cinquante plus beaux tableaux peints dans ce siècle, il y a dix à parier contre un que la moitié se composerait d'œuvres ayant coûté moins de trois mille francs chacun dans l'origine, et l'on pourrait parier vingt contre un qu'il ne s'en rencon-

trerait tout au plus qu'un seul ayant coûté dix
mille francs ou au delà.

Cette fois-ci je n'avance pas un paradoxe, et
j'offre de baser mon assertion sur une preuve
de quelque valeur : l'état des cinquante tableaux
payés le plus cher, en vente publique, dans ces
vingt dernières années.

Je suis à mille lieues de vouloir faire la guerre
aux noms, car, je le constate avec empresse-
ment, ils offrent encore l'indication la moins
décevante que les amateurs timides puissent
suivre. Le danger de l'initiative pourrait égaler
la présomption de celui qui l'exerce, au. lieu de
se proportionner à son instruction, ce qui serait
déplorable.

Mais, en France, comme l'a dit un écrivain
d'infiniment d'esprit, ce danger n'existe pas ; la
peur du ridicule s'opposera toujours à l'initiative de l'admiration chez les personnes distin-
guées. — Au théâtre, ne l'abandonne-t-on pas

aux claqueurs ? — Ajoutons qu'un tableau est un ami, au moins une simple connaissance, et qu'il est juste que la bonne compagnie soit sévère sur ses admissions : dans un salon, dix sots font moins tache qu'un seul original, eût-il beaucoup d'esprit, et s'en abstenir sera presque toujours le plus convenable. Ce ne serait peut-être que dans la vie de garçon que l'on pourrait, sans encombre, aborder quelques types angu-leux. J'aime à croire qu'on en retrouverait quelques-uns plus tard, avec bonheur, présen-tables et suffisamment arrondis.

Cette idée suggérera toute une série de ré-flexions philosophiques ; elle donnera raison, entre autres, d'une disparate qui a dû choquer d'autres que moi : quand il semble, au premier aperçu, que la peinture soit une langue univer-selle, on s'étonne tout à coup de devoir recon-naître, jusqu'à l'évidence, que son intelligence n'est que relative ; de sorte que le chef-d'œuvre

que vous produisez hors de l'élément qui l'a vu
naître, subit le sort d'un homme illustre dans
une société dont il ne parle pas la langue :
Peut-on être Persan !...

Les littératures étrangères ont été tour à tour
à la mode en France. — On y cultive avec raison des fleurs exotiques. — Il faut espérer qu'il
sera une fois de bon goût d'emprunter quelques
tableaux aux écoles étrangères, et réciproquement : j'oserai le conseiller à mes amis qui
croirout, avec moi, qu'il faut souvent déplacer
le point de mire du jugement pour l'exercer
avec quelque efficacité. Dans ces expériences il
s'opérerait de curieuses révélations, et les influences d'école, c'est-à-dire les préjugés locaux,
iraient s'affaiblissant de jour en jour au grand
profit de l'art.

C'est parce qu'un tableau doit être une œuvre
de l'esprit et non pas un daguerréotype, qu'il me
semble logique d'admettre que les artistes célè-

bres de chaque pays ont été les interprètes ou
les précurseurs heureux du génie national. Il
serait très difficile qu'un Français fût parfaitement équitable dans le jugement qu'il émettrait
sur le peintre anglais Turner, par exemple, et
qu'un Anglais le fût sur Eugène Delacroix. Il
leur faudrait, à l'un et à l'autre, beaucoup de
temps pour se familiariser avec le style du peintre étranger jusqu'à le bien comprendre, quand
ils tomberaient immédiatement d'accord sur une
peinture banale privée de toute individualité.

Un tableau de maître intéresse même par ses
défauts : le tableau *parfait*, en supposant qu'il
fût possible, appartiendrait vraisemblablement
au genre ennuyeux, — le modèle n'existe pas.

VII.

La Mode.

Nous vivons dans une époque de doute, qui a cependant vu surgir des dieux, leurs prophètes et leurs pontifes : étranges disparates! Le gâchis s'est produit en toutes choses, et le domaine de l'art ne devait pas être épargné ; mais ces désordres tournent, en définitive, au profit des saines doctrines. Que n'en puis-je dire autant des influences de la mode sur la peinture !

Les petits enfants adorent les images, et c'est

de la meilleure foi du monde que les visiteurs au Salon décident du mérite d'un tableau par le plaisir qu'il leur a procuré ; de là à se croire connaisseur en peinture, même artiste, il n'y a qu'un pas.

Supposons que quelques peintres plus ambitieux de succès faciles, d'argent, de popularité, que de talent véritable, fruit tardif de la méditation, de l'étude et du travail, pensent à profiter de ces approbations légères, ou seulement les prennent au sérieux ; voilà l'école du joli florissante et prospère, et ses disciples obtenant tout juste le succès de vogue et d'engouement d'une danseuse. — Les voilà lancés ! La postérité leur devra, entre autres, un nombre incroyable de portraits, qui ne seront même plus jolis, puisqu'ils ne seront plus de mode.

Calculons un peu quelle somme de ravages l'industrie ajoutera à ce désastre, en propageant dans le monde entier, en portant au cœur des populations les décrets de la mode formulés dans les pages qu'on sait !

Quand un architecte sera consulté sur un mur mitoyen, un médecin sur une migraine, un notaire sur un contrat, un avocat sur une question de droit que l'équité naturelle devrait pouvoir résoudre, — un spécialiste ne sera jamais consulté sur le mérite d'un tableau moderne, par la raison bien simple que l'exercice du goût, dans toutes les choses qui tiennent à une bonne éducation, semblera autoriser les hautes classes à croire à leur infaillibilité. Eh bien, j'aurai le courage de le dire, ces lumières sont insuffisantes; je n'en veux pour preuve que l'insuffisance flagrante de la critique en matière d'art, telle qu'elle se produit dans la plupart des organes de la publicité.

Le critique est l'oracle du goût, il a, de plus, de la littérature, science funeste qui s'empare de lui au moment le plus inopportun et l'oblige, quand même, à s'exercer dans la seule sphère qui lui soit propre, *la grande peinture!* qui prête à la période. Aussi ne fait-il guère, à propos de peinture, que de la critique littéraire : il déplace incessamment la question.

La grande peinture, dans tous les comptes-rendus, occupe tellement de place, que l'autre, — la petite, — obtient à peine une mention sommaire, encore, la plupart du temps, après la fermeture du Salon! Il serait cependant bien plus utile que le public, et notamment le public achetant, sût le plus tôt possible à quoi s'en tenir sur les seuls tableaux qu'il puisse, qu'il doive acheter, les tableaux de genre sur lesquels il y aurait beaucoup de bonnes choses à dire, ne serait-ce que parce que généralement il n'y en a que peu à dire sur les autres.

Je suis un pauvre homme, et (au moins à mon point de vue) il y a nécessité que je vive de mon état; par ainsi, j'ai tort de parler de la

mode avec cette irrévérence, car je n'ignore pas
que j'ai beaucoup plus de chances de réussir
auprès des personnes qui veulent bien m'ho-
norer de leur confiance, en me faisant le com-
plaisant de la mode qu'autrement. M'en coûte-
rait-il tant de lui dire : Madame, il est l'heure
que vous voulez! Ce ne serait jamais qu'une
énormité du lendemain, donc on aurait l'avenir
pour soi! A défaut de toute initiative périlleuse
et honorable, il resterait *l'initiative négative* de
s'abstenir; cela vaut bien la peine que j'y
songe !

Mais la folle a coupé les oreilles aux chevaux,
et retroussé le nez à toute une génération. — La
preuve en est dans les portraits Louis XV. — Ce
sont cependant des objections !

VIII.

L'Industrie.

L'intervention de l'art dans l'industrie a produit des merveilles : aux xve et xvie siècles, un pot, une cruche, un verre, une paire de mouchettes, une clef, une poterie, une faïence quelconque, offraient autant d'indices du goût, du sentiment pittoresque, qui régnaient alors. Pas une forme, un contour, une ligne que l'art n'animât de cette vie propre que l'homme sait communiquer à la matière, et qui établit entre elle et lui ces affinités sans nom dont nous subissons le charme presqu'à notre insu.

Mais l'intervention de l'industrie dans l'art devait produire des résultats inversés, — elle s'adresse aux masses, l'art aux exceptions, — de là ces produits hybrides, fruits honteux des violences de l'industrie sur l'art, qui affligent partout les yeux et impriment à l'âme cette tristesse profonde, qui s'empare du philosophe au spectacle des turpitudes humaines !

L'art devrait être enseigné comme la morale et pourrait contribuer autant qu'elle peut-être au bonheur de l'humanité : pervertir le goût, c'est pervertir l'âme. Vauvenargues a écrit cette charmante maxime : « Il faut avoir de l'âme « pour avoir du goût. »

Une véritable croisade devrait être entreprise contre la propagande d'art telle que la pratique l'industrie. Des associations pieuses et philanthropiques propagent avec tout le zèle de la foi, tout le dévouement de la charité, les vérités éternelles de la religion et de la morale. Je me plais à croire qu'une association puissante et digne de faire autorité, pourrait prétendre, avec succès, à l'initiative d'un enseignement pratique d'art, se proposant la propagation des saines doctrines en abomination *d'exploitations,* dont l'initiative est déterminée par cette sorte d'audace réfléchie, qu'encourage une appréciation, juste hélas ! de la candeur des masses et qui s'attachent, *en connaissance de cause,* à corrompre d'abord la conscience des artistes. Je ne prétendrais donc point à *régenter* l'art mais à *l'affranchir,* et je serais soutenu dans cette tâche, par la conviction profonde de doter ainsi l'industrie de l'élément le plus fécond de sa prospérité.

En y songeant mieux, mon projet se présente trop tard, — déjà on ne vend plus que les tableaux *cotés,* et je m'attends à ce que bientôt des promesses de tableaux se négocieront à primes :

nous assisterons un jour à la réponse des primes sur toute l'école moderne monopolisée par une compagnie : on *fera* cent Meissonnier, cinq cents Delacroix en une seule bourse : *Les portefeuilles en seront pleins!*

Je réclame la priorité de l'idée : elle vaut de l'or, et je regretterai sérieusement un jour de l'avoir livrée pour la bagatelle que se vendra cette brochure aux personnes qui ne l'auront pas reçue pour rien.

Imprimerie Maulde et Renou, rue de Rivoli, 144.   2981

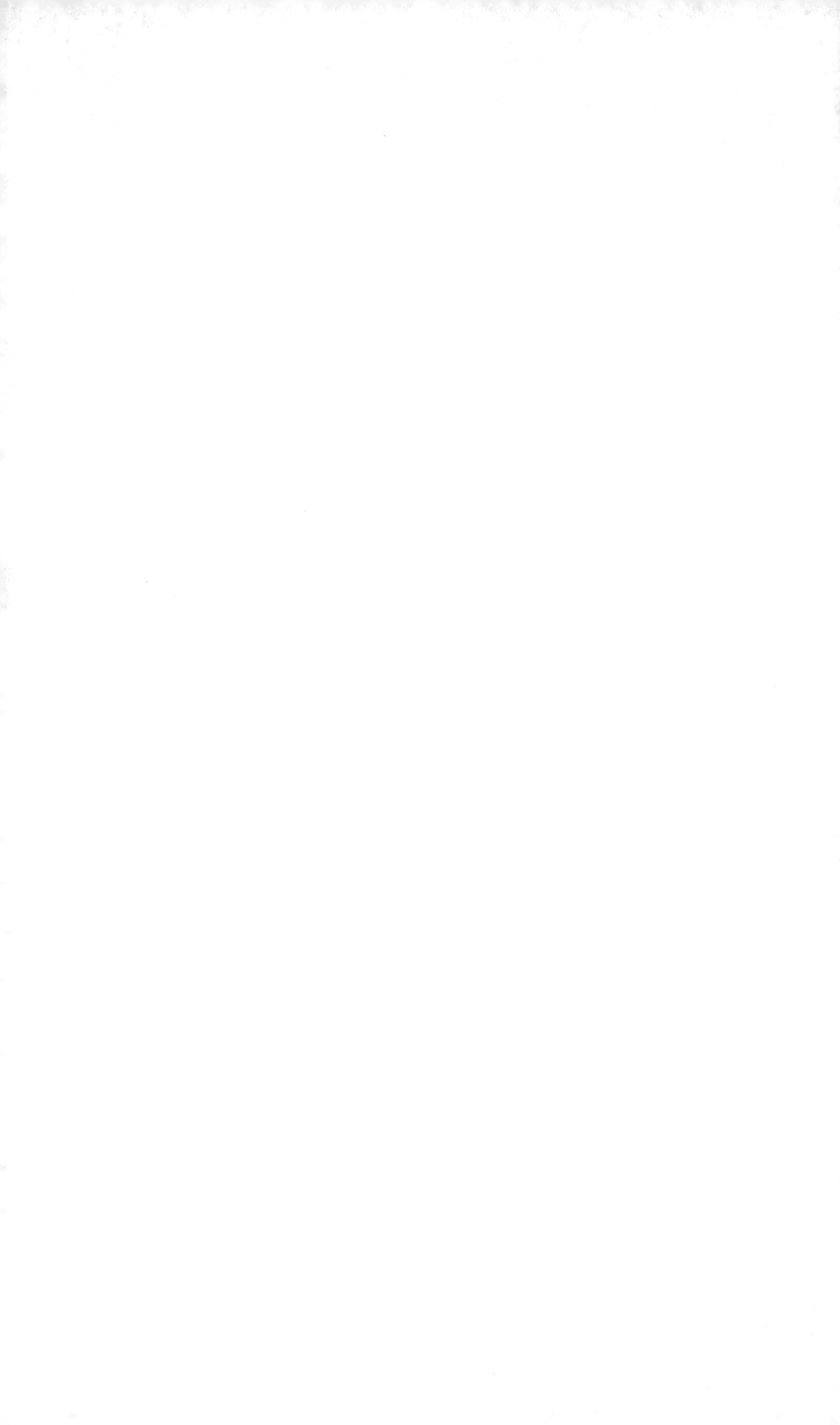